Este libro está dedicado a la Sra. Johnson.

¿Alguna vez se te han sentado encima
casi todos los días?
O te han doblado, torcido o montado
¿Hasta sentir que ya no podías?

¿Te imaginas a alguien de pie sobre ti
O saltando sobre tu asiento
Golpeando tu cuerpo
¿Y que no puedas descansar ni un momento?

Por supuesto que no, ¿por qué lo harías?
Esto no es normal,
Ser maltratado y abusado
Como si fueras un tamal.

Los niños nos miran en los parques y zonas de juegos y piensan,
"Oh, me gustaría columpiarme en eso."
Pero nunca se columpian con cuidado,
Suelen saltarnos con todo su peso.

A veces los niños ponen sus barrigas sobre nosotros
Y se empujan hacia adelante.
Nunca se paran a pensar,
"Puede que para un columpio esto sea humillante."

A veces, nos montan al revés,
nos hacen enredan las cadenas.
Parece que sus padres
no les enseñaron a respetar cosas ajenas.

Ya es bastante malo que estemos atrapados fuera
Bajo la lluvia, granizo o nieve,
O que nos dejen solos
Después de que las familias se vayan en breve.

Pero incluso cuando están con nosotros
La gente nos maltrata, en el patio donde estamos.
¿A alguien parece importarle?
No. Todo lo que importa es la alegría que traemos.

Bueno, un día, tuvimos suficiente
De no se cuidados siquiera.
Queríamos adoptar una postura
Y sabíamos que ir a la huelga era la única manera.

Así que removimos los asientos y nos quitamos las cadenas,
Nos escondimos en otros lados,
Escribimos una carta a los niños
Para explicar por qué estábamos tan enojados.

"¡Queridos niños, ya hemos tenido bastante!
No pueden tratarnos sin disciplina.
Estamos hartos de que nos pisen y nos maltraten.
¡una HUELGA se avecina!

Se tumban boca abajo y dan patadas,
Lanzándose al cielo.
¿Alguna vez te has parado a pensar
¿No nos gusta ir tan lejos del suelo?

Se balancean y se balancean y se balancean
Y luego saltan de repente al piso.
Nos sorprende y nos sacude,
Nos lastima y no nos piden permiso.

Nos retuercen de nuestras cadenas
Y luego nos sueltan para girar y girar.
Nos mareamos mientras nos preocupamos y
Al final no paramos de vibrar.

Se inclinan hacia atrás y apuntan con los pies al cielo,
Sin preocuparse de que caigan,
Pero nosotros, nos preocupamos por ustedes,
¡Incluso cuando no nos oigan!"

Dejamos la nota debajo de la subida y bajada
Y los niños lo encontraron enseguida.
Buscaron en el parque hasta que nos encontraron.
Y tenían una mirada vencida:

"Lo sentimos, columpios," dijo uno.
"No nos habíamos dado cuenta de que los habíamos hecho enojar,
Pero esperamos que esta disculpa
Les ayude a su enojo dejar.

Cuando hacemos esas cosas,
sólo intentamos divertirnos,
Entendemos que no les gusta cuando los tratamos mal,
son cosas que quieren decirnos."

Cuando nos enteramos de la alegría que les dimos a los niños,
Decidimos mostrar nuestras simpatías,
Mientras no se sentaran mal
Todos los días.

Y desde entonces, mientras se balanceaban sobre nosotros,
Los niños sonreían mucho más.
Tal vez sólo necesitaban pensar las cosas
Y ya no nos separaremos jamás.

www.ingramcontent.com/pod-product-compliance
Lightning Source LLC
Chambersburg PA
CBHW042023090426

42811CB00016B/1720